RELATION OFFICIELLE

DE TOUS LES ÉVÉNEMENS

QUI ONT EU LIEU A PARIS

Dans les journées des 14, 15 et 16 février 1831.

———

Détails circonstanciés de ce qui s'est passé à Saint-Germain-l'Auxerrois, à l'Archevêché et dans plusieurs autres églises. — Noms des individus qui ont été arrêtés, et leur comparution devant M. le premier président de la Cour royale. — Ordres du Roi de faire disparaître les fleurs-de-lis et emblèmes de l'ancienne dynastie. — Événemens arrivés, à Conflans, à la maison de campagne de l'archevêque de Paris. — Discours de S. M. Louis-Philippe à tous les Français. — Découverte d'une pièce importante envoyée en France par Charles X, contenant les instructions qu'il donne aux conspirateurs.

PARIS,

CHEZ GAUTHIER, EDITEUR, RUE MAZARINE, No 49.

1831.

RELATION OFFICIELLE

DE TOUS LES ÉVÉNEMENS

QUI ONT EU LIEU A PARIS

Dans les journées des 14, 15 et 16 février 1831.

Les journées des 14, 15 et 16 février, que l'histoire pourra qualifier du carnaval de 1831, ont été l'une des plus frappantes et des plus extraordinaires de notre révolution. La joie publique n'a pas été un moment interrompue par le mouvement populaire qui débordait de toute l'immensité de la capitale sur les quais, sur les ponts, et qui jetait à bas le palais de l'Archevêché. Pendant que la rivière charriait, durant l'espace de trois heures, des meubles, des livres, toutes les dépouilles du palais archiépiscopal, que le bœuf gras se promenait majestueusement sur le Pont-Neuf, que la garde nationale veillait attentivement au maintien de l'ordre public, sur les boulevards, au milieu d'une foule immense et tranquille, circulaient des voitures de masques, au milieu même du tumulte; à côté du peuple, et pour ainsi dire sous les pieds des chevaux, des femmes élégantes circulaient sans crainte, souriant au contraste de ce spectacle, et confiantes dans le respect que la population parisienne a pour la faiblesse qu'elle est habituée à protéger. Ce qui s'est passé dans ces trois journées est unique pour l'histoire.

Quelques uns des éternels ennemis de la France, quelques uns de ces hommes de vengeance qui ne veulent que la honte et l'humiliation de leur pays, avaient projeté depuis long-temps de troubler les joies du carnaval par une protestation publique de leur amour pour l'ex-roi parjure, pour ce trône qui s'est écroulé dans la boue et dans le sang. Depuis huit jours les journaux de la faction carliste que la faiblesse des dépositaires du pouvoir a rendue si audacieuse, si insolente, annonçaient qu'un service funèbre en l'honneur du duc de Berri serait célébré le 14 février dans l'église de Saint-Germain-l'Auxerrois, laquelle était, comme on sait, la paroisse de la famille chassée de France.

En effet, le matin à onze heures, environ, cent cinquante dévots à la mémoire de M. de Berri, parmi lesquels on distinguait, dit-on, MM. de Conny, Berryer, député, de Boisbertrand, se sont réunis à Saint-Germain-l'Auxerrois, où les simples curieux, en nombre beaucoup plus considérable, les ont laissés paisiblement entendre d'un bout à l'autre le service que célébrait le curé lui-même devant un catafalque qu'entouraient, au grand étonnement des bons citoyens, quatre gardes nationaux en uniforme, avec un crêpe noir au bras.

Tout à coup, au moment où les fidèles allaient quitter l'église, un jeune homme qui portait, dit-on, l'uniforme de Saint-Cyr, s'est élancé vers le catafalque, et déployant une lithographie représentant l'enfant que les carlistes appellent Henri V, sur laquelle il a placé une couronne d'immortelles, il s'est écrié : *Je me déclare le champion de Henri V*. Cette protestation séditieuse a été accueillie par de violens murmures. Un honorable citoyen, M. Ardel, marchand cordonnier, rue de Grenelle Saint-Honoré, répondit à cette étrange sortie par des paroles de respect pour le roi des Français, et voulut s'emparer de la lithographie. On lui asséna un coup de parapluie sur la figure, et le sieur Valérius, bandagiste, rue du Coq-Saint-Honoré, uu des quatre gardes nationaux qui portaient un crêpe au bras, distribua aux amateurs les brins éparpillés de la couronne d'immortelles; c'était comme une espèce de relique. Il faut que le ridicule trouve toujours sa place dans les solennités carlistes.

Ajoutons, pour dire tous les faits, qu'une quête avait été faite dans l'église pour l'ex-garde royale.

Faut-il s'étonner que tant d'insultes au nouvel ordre de choses, en face même des tombes où dorment les braves morts dans les journées de juillet pour la patrie et pour la liberté, aient excité parmi le peuple un vif mécontentement? Aussitôt que le bruit a été répandu qu'on avait couronné dans un lieu public l'image du duc de Bordeaux, une foule immense s'est portée à l'église de Saint-Germain-l'Auxerrois. Il est impossible de peindre l'exaspération des citoyens. Quelques vitres ont été cassées, et l'on se disposait à abattre la croix qui domine l'église et sur laquelle se trouvaient encore des fleurs-de-lis, quand M. Félix Cadet de Gassicourt, maire du quatrième arrondissement, avec une fermeté et une prudence qu'on ne saurait trop louer, a donné les ordres nécessaires pour faire disparaître cette croix empreinte des signes de la royauté déchue.

Un peu plus tard, l'indignation du peuple l'a conduit dans la rue du Coq, devant la maison du bandagiste Valérius, caporal de la garde nationale. On ne peut savoir ce qui serait arrivé, si l'on n'avait appris que le sieur Valérius avait été arrêté. Il est probable que d'autres arrestations auront également eu lieu, puisque le commissaire de police avait pris les noms des principaux acteurs de cette scène de scandale.

Plusieurs légions de la garde nationale ont été mises sur pied, et elles n'ont pas montré moins de zèle et de patriotisme que de coutume.

Vers sept heures et demie du soir, un assez grand nombre d'individus se sont rendus à l'Archevêché en criant *à bas la calotte!* Aucune boutique ne s'est fermée sur leur passage, et les marchands eux-mêmes paraissaient animés du même esprit. M. l'archevêque, qui avait repris, comme on sait, possession de son palais, ne s'y trouvait pas : il était à Conflans. Tout l'Archevêché avait été envahi, toute la vaste cour du palais était jonchée de débris. Les salles réparées naguères étaient dévastées de nouveau, les boiseries étaient arrachées, les marbres brisés, les lustres étaient en morceaux : on n'eût pas reconnu un tableau ; pas un portrait n'était intact, pas un fauteuil, même le portrait en pied de l'archevêque : nous l'avons vu en lambeaux tomber sur les baïonnettes.

Pour avoir une idée complète de la dévastation, c'est l'église Saint-Germain qu'il faut voir ; c'est l'intérieur de ce temple, si fier autrefois de la cour qui lui appartenait, qu'il faut visiter. L'autel est renversé, les saints sont descendus de leur piédestaux, les niches sont vides, les bénitiers jonchent la terre : plus de fleurs, plus de tableaux, plus de ballustrades en fer, riche présent de Louis XV, plus de stalles pour les chantres, plus de bancs réservés, plus rien du temple intérieur. La chaire est brisée, le banc-d'œuvre, si artistement sculpté, est à moitié rompu ; le chœur est privé de ses tentures ; vous foulez aux pieds des lambeaux noirs et blancs ; cherchez un confessionnal debout, cherchez même le catafalque d'hier, cherchez les chasubles d'or et les fières bannières qui ne savaient pas céder le pas aux jours de processions !

On a respecté de cette église les tombeaux, les statues, le tableau du maître-autel, les vitraux peints, invention perdue du douzième siècle, et le buffet d'orgue, mais le soufflet de l'orgue a été brisé par la chute de la croix. Quand tout a été fini, les cris ont cessé, la colère s'est apaisée. Le peuple s'est dépouillé des habits sacerdotaux qu'il avait revêtus, les gardes nationaux, en petit nombre, qui avaient été forcés, on repris le dessus. Les premiers gardes nationaux, con fondus dans cette foule, n'étaient pas au nombre d vingt. On doit citer dans le nombre de ces citoyen zélés M. Chapelain, garde national à cheval, qui s'es tenu constamment assis sur un monceau d'objets pré cieux, M. Boissière et Me Claveau, qui ont défendu l chœur et fait évacuer la sacristie.

M. Cuvillier et un officier ont trouvé dans une ar moire du presbytère 650 fr., et un Christ en or, qu'ils ont mis en sûreté.

Les événemens se sont succédé dans la journée du 15. L'indignation publique, soulevée par le scandaleux attentat de l'église Saint-Germain-l'Auxerrois, n'était pas apaisée, il s'en faut de beaucoup.

Vers sept heures et demie du matin, un commissaire de police, accompagné de plusieurs agens, s'était transporté au presbytère de l'église Saint-Germain-l'Auxerrois pour y faire une perquisition et examiner surtout si quelques lithographies représentant le duc de Bordeaux n'y seraient pas cachées. Pendant qu'il se livrait à cette opération, deux cents individus environ ont assailli l'église, y ont pénétré, et ont enlevé les chandeliers, les croix et tous les objets du culte, ainsi qu'une somme d'argent qui était déposée dans une armoire. Le tout a été porté au Louvre et mis à la disposition de l'autorité.

A huit heures et demie, les appartemens de l'Archevêché ont été envahis par un rassemblement considérable, qui a brisé la bibliothèque, les tables, les fauteuils, les chaises, les tableaux, enfin tout ce qui tombait sous sa main, et a jeté de suite les débris dans la Seine. La surface des eaux a été un instant blanchie par une énorme quantité de duvet; on voyait les mariniers de la rivière la sillonner dans de nombreux batelets, afin de repêcher tout ce qu'ils pouvaient, et chacun d'eux, après avoir ainsi complété son chargement, venait former sur la rive gauche un petit dépôt. On ne s'est pas borné à ces dégâts intérieurs. Les grilles qui entouraient le palais archiépiscopal ont été arrachées de fond en comble, et la toiture même a été fortement attaquée; en un mot, l'Archevêché est presque démoli.

A dix heures et demie, plusieurs citoyens, accompagnés d'un caporal de la garde nationale, se sont présentés à l'église Saint-Sulpice, avec un drapeau tricolore qu'ils ont placé à la galerie des tours. Dans ce même moment, on célébrait l'office des morts; il a été continué sans le moindre trouble, et lorsqu'il a été fini, les portes de l'église ont été fermées. Des drapeaux tricolores ont été placés également à l'église Saint-Étienne-du-Mont, à l'église Saint-Gervais et à l'église Saint-Laurent. A celle des Petits-Pères, les fleurs-de-lis qui se trouvaient sur la façade, près de l'horloge, ont été détruites par des ouvriers maçons.

Non loin de là, sur la place des Victoires, trois

jeunes gens, fort bien mis et armés chacun d'un mar-
teau, ont abattu les fleurs-de-lis dont était surmontée
la grille qui entoure la statue de Louis xiv.

L'église Saint-Paul a été aussi assaillie par un grand
nombre de citoyens. On avait allumé devant la porte
un grand feu où étaient jetés tous les objets empreints
d'une fleur-de-lis. Grâce à un bataillon de la huitième
légion, commandé par M. Perret, adjoint, l'église a
été préservée du pillage, et quelques individus, sur
lesquels on a trouvé des objets provenant de cette
église, ont été arrêtés. A six heures et demie du soir,
cinq à six personnes qui, avec l'autorisation de
M. le commissaire de police, étaient montées au faîte
de l'église, en ont fait tomber la croix aux acclamations d'une foule de citoyens.

La croix dorée, de quatorze pieds de haut, qui
était placée au faîte de la cathédrale de Notre-Dame,
en a été retirée par ordre du maire.

On sait que le nommé Valérius occupait une boutique de bandagiste dans la rue du Coq-Saint-Honoré, n° 7. La foule s'y est portée dès le matin, et
les carreaux ont été brisés à coups de pierres. Mais
bientôt un peloton de la garde nationale est venu
y stationner, et l'on a écrit sur la porte : *corps de-
garde*. On a ainsi préservé la boutique du pillage.

Des rassemblemens se sont aussi portés sur la Con-
ciergerie ; mais ils ont été facilement repoussés.

Vers deux heures, un groupe assez nombreux

se dirigeait par le quai vers la chambre des députés, en proférant les cris les plus menaçans. Un peloton de garde nationale fut porté au-devant de lui, et M. le baron Mercier a voulu le haranguer; mais quelques furieux se sont jetés sur lui, et même l'un d'eux, portant la main sur l'épée du colonel, a tenté de l'arracher du fourreau. Mais bientôt le rassemblement a été dispersé, et on a arrêté deux des individus qui le composaient.

A cinq heures un autre attroupement a désarmé un poste de la rue Saint-André-des-Arts, et deux coups de pistolet ont été tirés sur les gardes nationaux. Le poste du petit pont de l'Hôtel-Dieu a aussi été désarmé, et plusieurs individus ont été arrêtés.

Enfin, à huit heures du soir, la tranquillité était rétablie; il n'y avait plus que quelques groupes de curieux sur les places de l'Archevêché, de l'Odéon et du Panthéon. Le Palais-Royal était dans le calme le plus complet. Partout l'attitude de la garde nationale n'a cessé d'être imposante.

Tel est le récit complet des trois journées. Là s'arrêtent tous les succès de nos ennemis. Cette fois encore leur complot est déjoué, leurs trames sont mises au grand jour, et le plus formel démenti est donné par les faits aux fausses nouvelles dont nos provinces sont la proie.

Le Roi, accompagné des princes ses fils, du maréchal Gérard, du général Pajol et de plusieurs autres officiers généraux, s'est rendu ce matin, à neuf heures et demie, sur la place du Carrousel, pour y passer en revue douze bataillons de la garde nationale de Paris et de la banlieue, deux régimens de ligne, et plusieurs détachemens de cavalerie de la garde nationale et de la garnison. Sa Majesté a été reçue par le général comte Lobau, commandant de la garde nationale, et a été accueillie aux acclamations unanimes de la foule de spectateurs dont la place du Carrousel était couverte. Après avoir passé devant tous les bataillons, le Roi leur a adressé l'allocution suivante, et les troupes ont ensuite défilé devant Sa Majesté :

« MES CHERS CAMARADES,

» Toujours fidèle à la France, toujours dévoué à ma patrie, c'est pour elle, c'est uniquement dans son intérêt que j'ai accepté le trône auquel j'ai été appelé par la voix de la nation. Je serai fidèle à ce glorieux mandat. Je garderai loyalement cet honorable dépôt, pour le défendre contre tous nos ennemis, quels qu'ils soient ; pour maintenir nos institutions, nos lois, nos libertés ; pour soutenir cette nationalité que mon cœur français a tant souffert de voir si souvent méconnue dans les dernières années. Je saurai les défendre, soit qu'on ose insulter nos glorieuses couleurs nationales en essayant de leur opposer ouvertement le drapeau blanc, soit que d'obscures tentatives se fassent dans l'ombre pour le relever, telle que celle qui vient d'exciter la juste indignation publique.

» Ceux qui s'en sont rendus coupables sont livrés à la justice, et ils seront punis suivant la rigueur des lois; mais que cette indignation cesse donc de se manifester par des désordres, par ces honteuses dévastations dont la journée d'hier a donné le triste spectacle à la France et à l'Europe! N'oubliez pas qu'il n'y a ni liberté ni gouvernement possibles là où l'ordre public n'est pas constamment maintenu. Mettons donc un terme à ces agitations; empêchons nos ennemis, de quelques couleurs qu'ils osent se parer, de les exploiter au détriment de la France et de notre cause nationale. C'est à la garde nationale à me seconder dans cette patriotique entreprise, c'est à elle que je me confie avec abandon..... »

(Ici les acclamations, les cris de *Vive le Roi!* ont retenti avec tant de force autour du Roi, que Sa Majesté n'a pu se faire entendre plus long-temps, et a cessé de parler.)

16 février 1831.

La journée du 16 a été parfaitement tranquille. La garde nationale, toujours pleine de zèle, toujours infatigable, était sur pied; une foule nombreuse circulait dans les rues. On avait parlé de rassemblemens qui devaient avoir lieu autour de la chambre des députés, et les abords en étaient gardés, dès le matin, par de nombreux détachemens de la garde nationale. Un groupe assez considérable de jeunes gens est arrivé sur la place par le pont Louis XVI, mais dans une attitude toute pacifique. Toutefois, comme ce noyau de rassemblement pouvait en amener un réel, il a suffi d'une demi-douzaine de grenadiers pour faire évacuer le pont.

Des mouvemens devaient avoir lieu, disait-on, sur la place du Panthéon. La tranquillité n'y a pas été troublée.

Les gardes nationales de la banlieue se sont réunies aujourd'hui à la garde nationale parisienne, et ont partagé son service aux Tuileries et au Carrousel.

Le buste de Louis XVIII, placé au-dessus de la porte du Musée, a été enlevé dans l'après-midi et brisé. Les bas-reliefs de l'arc de triomphe du Carrousel, qui représentaient des faits de la guerre d'Espagne de 1823, ont été enlevés.

Une émeute a eu lieu à Sainte-Pélagie, de la part des détenus pour dettes. La troupe a été appelée pour rétablir l'ordre: on assure qu'elle a été obligée de recourir à la force des armes, et que quelques prisonniers ont été blessés.

En conservant les fleurs-de-lis sur le sceau de l'Etat, le Roi n'y avait vu qu'un emblème qui avait été celui de la France pendant plusieurs siècles, et auxquels se rattachaient des souvenirs honorables pour ses ancêtres, et glorieux pour la nation. Mais, depuis que de coupables tentatives en ont fait un signe de ralliement des ennemis de la nouvelle dynastie et de nos institutions, et que l'opinion publique ne voit plus dans cet emblème que des souvenirs récens qui lui sont odieux, le Roi a écarté toute autre considération et a rendu une ordonnance pour changer le sceau de l'Etat. En même temps, le Roi a donné des ordres pour faire disparaître les fleurs-de-lis partout où on pourra le faire sans dégrader les monumens publics, et sans renouveler les mutilations auxquelles donna lieu en 1814 l'enlèvement des emblèmes de la république et du règne de Napoléon.

Déjà, par les ordres du Roi, on rétablit sur l'arc de triomphe du Carrousel les anciens bas-reliefs qui en avaient été détachés à l'époque de la restauration.

« Un misérable, revêtu de l'uniforme de Saint-Cyr, a figuré comme premier acteur dans l'esclandre qui a éclaté à l'église de Saint-Germain l'Auxerrois.

» Nous, élèves de l'Ecole spéciale militaire, protestons hautement contre cet acte absurde du fanatisme. Si, parmi nous, l'on peut compter quelques insensés, ennemis de notre glorieuse révolution de juillet, et rêvant encore l'état de choses avilissant dont elle a su nous affranchir, nous tenons aussi à prouver aux yeux de la France que, parmi les jeunes officiers appelés à figurer dans les rangs de son armée, il en est plus d'un qui brûle du désir de verser son sang pour la défense de son pays et le maintien de nos libertés.

» E. Dellard, J. Humann, L. Boucher, E. Hécquard. »

On parle beaucoup d'une pièce émanée d'Holy-Rood, résidence actuelle de Charles x en Irlande, et dans laquelle il donne pour plan de conduite aux partisans de sa famille des instructions dont voici la substance :

« Dans les départemens du Nord, pousser à des insultes et violations de territoire au-delà des frontières, pour exciter les puissances. A Paris, pousser au républicanisme. En province, exciter contre Paris, le signaler à la jalousie et le représenter comme anarchique. Dans le Midi, mettre en avant la cause de la religion ; dans la Vendée, celle de la légitimité en faveur d'Henri v.

» Donner à entendre que Louis-Philippe tient peu au trône qu'on lui a fait usurper, et qu'au besoin, il s'arrangera avec la coalition et avec la légitimité, quand l'une ou l'autre paraîtra en force.

» Prouver au peuple qu'il ne jouit pas de la liberté

qu'il a pensé conquérir, que d'autres ont profité de ses efforts, qu'enfin le pouvoir légitime peut seul donner au peuple la vraie liberté, ainsi que du travail et du commerce, et que d'ailleurs aujourd'hui le gouvernement légitime ne peut plus vouloir être très-libéral. Continuer la rédaction de nos journaux dans ce sens, en créer de nouveaux dans le même but.

» Entretenir soigneusement les dispositions naturelles de la partie religieuse de la population ; pousser à la guerre étrangère par des défis portés à la révolution ; s'abstenir de paraître compter sur les puissances étrangères, mais accréditer sans relâche que le gouvernement doit tomber de lui-même par suite de l'inimitié de tous les partis contre lui et par les seules attaques de l'intérieur. »

D'après cette pièce, l'on peut juger aisément de la démence et de l'exaspération de la famille déchue.

Pendant que la garde nationale de Bercy et des environs était entrée dans Paris pour aider au maintien de l'ordre et de la tranquillité, une foule considérable d'individus s'est portée sur la maison de campagne de l'archevêque de Paris, à Conflans, et l'a entièrement saccagée.

MM. de Vitrolles, de Conny, Berthier, et le curé de Saint-Germain-l'Auxerrois, ont été interrogés par M. le premier président de la Cour royale.

Voici quelques nouveaux détails sur les désordres de Conflans. Mercredi, à trois heures et demie, quatre cents hommes des faubourgs de Paris se sont portés sur la maison de campagne de l'archevêque en poussant des cris de fureur. Entrés dans les appartemens, ils ont tout brisé, meubles, glaces, cheminées; les livres et les papiers ont été déchirés, la cave pillée; les chambres de domestiques seules ont été épargnées. Un citoyen courageux, M. Michel fils aîné, artilleur de la garde nationale, est parvenu cependant à sauver le linge et l'argenterie qui ont été déposés à la maison de santé. Enfin, à sept heures du soir, les gardes nationaux de Charenton et de Bercy étant arrivés en nombre suffisant, ont fait évacuer la maison.

—La Cour royale a évoqué l'affaire de Saint-Germain-l'Auxerrois, et a chargé M. le premier président Séguier et M. le conseiller Philippon de l'instruire.

Sont en état d'arrestation :

Le baron de Vitrolles, le vicomte Félix de Conny, le curé de Saint-Germain-l'Auxerrois, Hinaut père, ex-chef de la police municipale, Hinaut fils, Gombaut, ex-commissaire de police, Liautard, Valérius, Durouchoux, Robelet, Auguet.

Un mandat d'amener a été décerné contre l'archevêque de Paris

D'autres mandats d'amener sont en exécution.

PRÉFECTURE DE POLICE.

« Habitans de Paris,

» Dès le lendemain des journées de juillet, le parti

de la contre-révolution qui, au moment du danger, se cachait derrière des soldats égarés, renouait la trame de ses anciens complots.

» C'est à l'abri de la liberté que nos lois garantissent à tous, sans distinction d'opinions, que ce parti cherche à renverser les institutions que nous avons conquises.

» Il a pris notre longanimité pour de l'hésitation, notre confiance en nous-mêmes pour de la faiblesse : hier, il s'est démasqué à Saint-Germain-l'Auxerrois par une provocation insensée à la guerre civile, concertée de son aveu même avec Holy-Rood.

» Ce crime est de ceux qu'atteignent les lois; plusieurs prévenus sont déjà arrêtés.

» Nos lâches ennemis n'ont qu'un moyen de compter encore dans notre pays; c'est de nous diviser, c'est de répandre parmi nous les méfiances et les discordes. Cette tactique a fait depuis quarante ans trop de mal à la France pour qu'ils n'y reviennent pas aujourd'hui.

» Souvenons-nous que, depuis un siècle, le mot d'ordre du jésuitisme est *haine à la famille d'Orléans!* Confions-nous au Roi que cette haine et ces persécutions ont identifié avec notre cause. Si nul d'entre vous n'est dupe du piège que nous tendent nos ennemis, leur tentative n'aura fait que consolider la révolution, et montrer à quel point la France est forte quand elle est unie.

» On veut pousser le peuple au désordre, pour éloigner de lui le travail et la sécurité : la raison du peuple rejettera ces perfides insinuations ; il cessera de dévaster les propriétés publiques.

» Le gouvernement connaît le dévouement de la garde nationale au Roi, à nos institutions, à l'ordre : ce dévouement ne se démentira jamais, et cett grande cité sera préservée de tous les excès qui pour raient compromettre sa tranquillité et son repos.

» *Le conseiller d'Etat, préfet de police,*

» *Signé J. J.* BAUDE. »

PROCLAMATION.

« Citoyens de Paris,

» *Respect aux monumens publics !*

» Ces mots adressés à une nation civilisée, ne se ront pas prononcés en vain : le peuple parisien offensé par des démonstrations hostiles à notre Roi citoyen et à la révolution de juillet, ne démentir pas la noblesse tant de fois éprouvée de ses sentimens Il se confiera dans le gouvernement, qui a, dès c matin, saisi et mis sous la main de la justice plusieur des principaux acteurs de la cérémonie factieuse qi a eu lieu hier à Saint-Germain-l'Auxerrois.

» *Le ministre secrétaire d'Etat au départe ment de l'intérieur,*

M. NTALIVET. »
